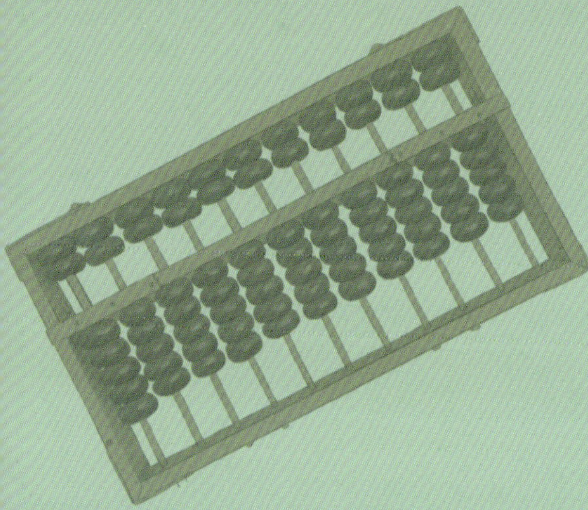
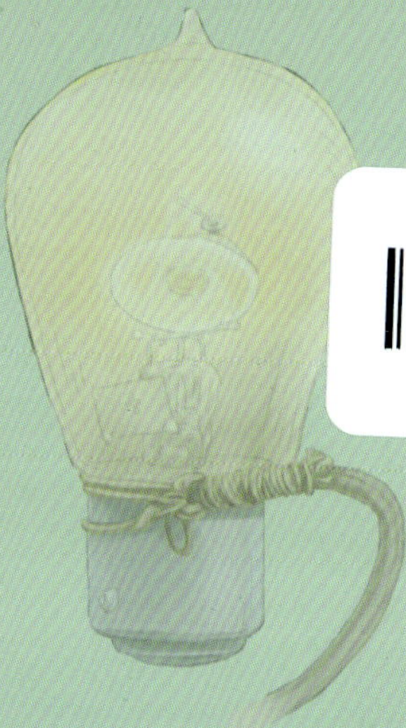

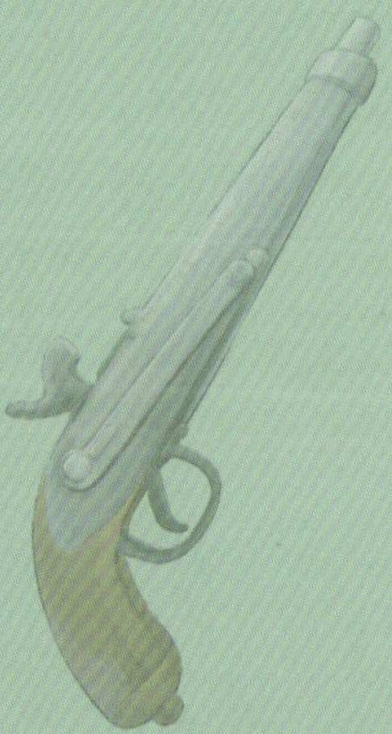

聪颖宝贝科普馆

趣味科学启蒙，给孩子的贴心科普老师

世界之最

胡君宇／主编

辽宁美术出版社

图书在版编目(CIP)数据

世界之最 / 胡君宇主编. — 沈阳 : 辽宁美术出版社, 2023.9

（聪颖宝贝科普馆）

ISBN 978-7-5314-9480-5

Ⅰ. ①世… Ⅱ. ①胡… Ⅲ. ①科学知识—青少年读物 Ⅳ. ①Z228.2

中国国家版本馆 CIP 数据核字(2023)第 079590 号

出 版 者：辽宁美术出版社
地　　址：沈阳市和平区民族北街 29 号　邮编：110001
发 行 者：辽宁美术出版社
印 刷 者：唐山楠萍印务有限公司
开　　本：889mm×1194mm　1/16
印　　张：5.5
字　　数：40 千字
出版时间：2023 年 9 月第 1 版
印刷时间：2023 年 9 月第 1 次印刷
责任编辑：张　玥
装帧设计：胡　艺
责任校对：满　媛
书　　号：ISBN 978-7-5314-9480-5
定　　价：88.00 元

邮购部电话：024-83833008
E-mail：lnmscbs@163.com
http：//www.lnmscbs.cn
图书如有印装质量问题请与出版部联系调换
出版部电话：024-23835227

目录

目录

写在前面

大自然用它灵巧的手绘制出一幅幅美妙的画卷，日月星辰、风雨雷电、行云流水、山川树木……一切都是大自然的神奇产物。数十个世纪里，人类一直感受着自然造物的神奇，同时也用自身行动不断给世界制造着惊喜。世界究竟有多奇妙？相信许多孩子都对这个神奇的世界抱着十足的好奇心，本书将以最真实的记录将答案传达给孩子们。

《世界之最》这本书分为七个章节，从地理之最、生物之最、科技之最、交通之最、军事之最、建筑之最、艺术之最七个方面来展现多彩的世界。你想知道世界上最大的沙漠有多大吗？你好奇世界上最大的蛙能长到多大吗？你是否知道鸟儿最快能飞多快？眼镜猴的眼睛到底能有多大？每一个"世界之最"都令人目瞪口呆，拍案叫绝！生动有趣的文字将引领你以全新的方式对世界进行一次别开生面的探索。本书专为低龄儿童量身打造，旨在丰富孩子们的知识储备，满足孩子们对世界的好奇心。编者为小读者准备了大量精美的图片，让小读者在阅读文字的同时，能看到与之对应的图片，一目了然，收获身临其境的阅读感受。本书结构清晰，内容翔实完备；以科学、专业、新颖的编辑手法，构筑起完善丰富的百科宝库。阅读本书，足不出户，便可了解丰富的世界之最！

最大的沙漠

世界上最大的沙漠——撒哈拉沙漠。其面积约 966 万平方千米，占非洲大陆 32%。撒哈拉沙漠位于非洲北部，横亘在大西洋沿岸到红海之滨，东西宽约 5600 千米，南北长 1600 千米 ~ 2000 千米。

◆名称由来

“撒哈拉”这个名称来源于阿拉伯语，“撒哈拉”在阿拉伯语中是“大荒漠”的意思。

◆成因

人们大多认为撒哈拉沙漠形成于约 250 万年前，2014 年 9 月 22 日，这一观点被我国科学院大气物理研究所的研究成果推翻。研究显示：大约 700 万年到 1100 万年前，特提斯海的收缩导致了非洲撒哈拉沙漠的形成。

◆气候特点

撒哈拉沙漠地区的降水量极少，年降水量大都少于 50 毫米，而蒸发量却是这个数值的 40 倍以上。撒哈拉沙漠范围内大部分时间都肆虐着来自中亚和西亚的干燥信风，有的地方甚至常年无雨，寒暑变化非常剧烈，一天之中的气温差可达 30℃ ~ 40℃。这一气象因素导致沙漠范围内的岩石受到强烈的风化剥蚀，形成大片的流沙和戈壁。

最大的岛屿

世界第一大岛——格陵兰岛，介于大西洋和北冰洋之间，地处北美洲与欧洲的交界处，面积达 216.61 万平方千米，海岸线全长 3.5 万多千米，为丹麦属地。

◆名称由来

"格陵兰"原是"绿色土地"的意思。作为一个冰原岛，为什么会有这样一个名字呢？原来格陵兰岛的沿海有一条无冰带，这部分无冰区的气候较为温和湿润，十分适合植被生长。当首批欧洲移民来此时，远远看过去见到格陵兰岛的沿海地带尽是绿色，移民们就以为整个格陵兰岛全是这样的景象，认为格陵兰岛是一块天然的绿色土地，因此给它取名"格陵兰"。

◆气候特点

格陵兰岛的大部分区域都处于北极圈内，全年气温一般都在 0℃以下，岛屿内陆地区最低可达到零下 70℃，气候极度严寒，常见雪暴和风暴。

◆自然资源

格陵兰岛作为一个冰原岛，常常是千里冰封的景象，显得十分荒凉。但它有着丰富的自然资源，石油、天然气、铅、锌和冰晶石都给丹麦带来了不菲的财富。20 世纪 70 年代勘探出的铀、铜和钼矿前景较好，1989 年又发现了特大型金矿，因考虑到大量开采自然资源会对该地区的生态造成负面影响而未过度开采。

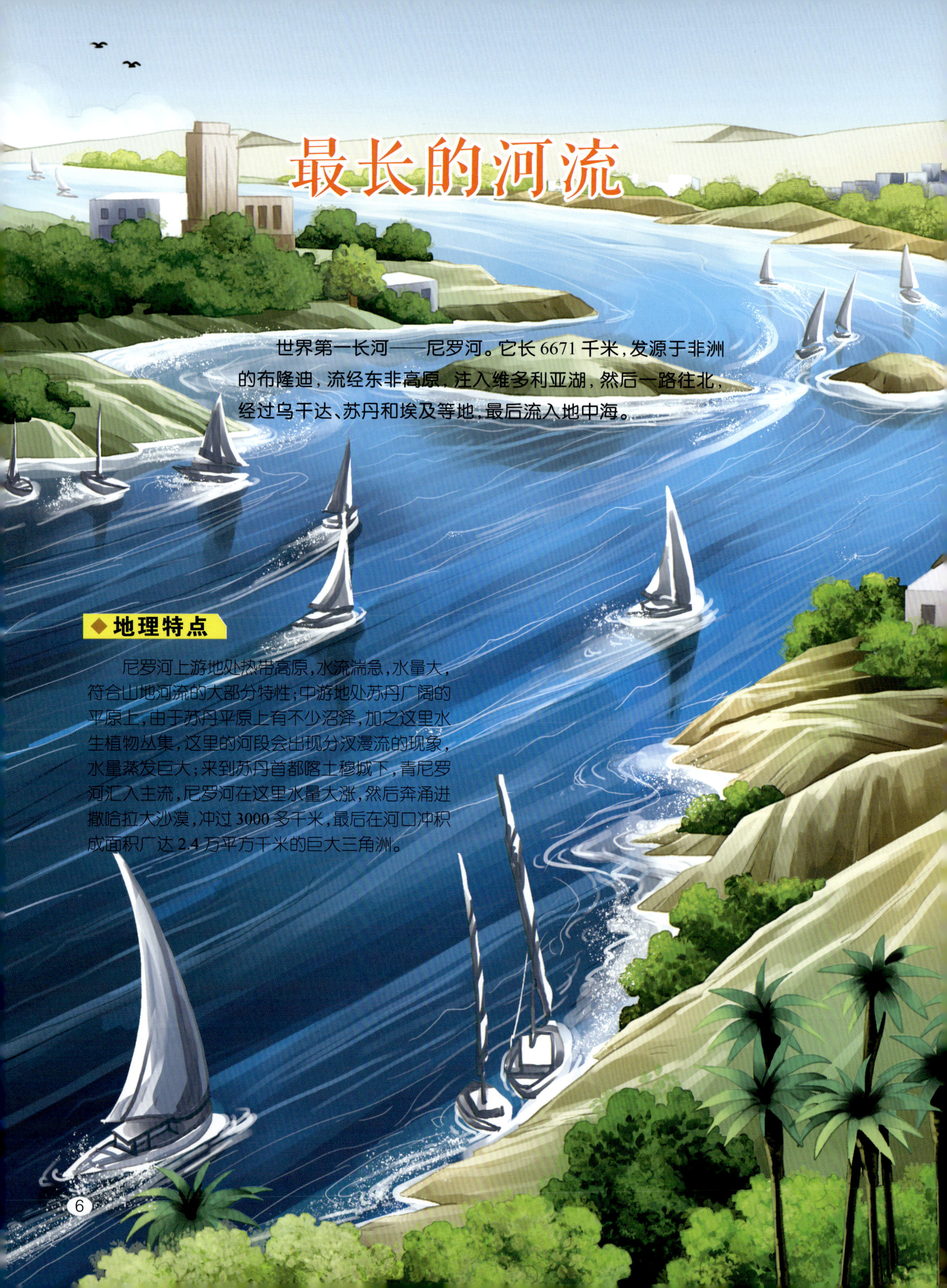

最长的河流

世界第一长河——尼罗河。它长6671千米，发源于非洲的布隆迪，流经东非高原，注入维多利亚湖，然后一路往北，经过乌干达、苏丹和埃及等地，最后流入地中海。

◆地理特点

尼罗河上游地处热带高原，水流湍急，水量大，符合山地河流的大部分特性；中游地处苏丹广阔的平原上，由于苏丹平原上有不少沼泽，加之这里水生植物丛集，这里的河段会出现分汊漫流的现象，水量蒸发巨大；来到苏丹首都喀土穆城下，青尼罗河汇入主流，尼罗河在这里水量大涨，然后奔涌进撒哈拉大沙漠，冲过3000多千米，最后在河口冲积成面积广达2.4万平方千米的巨大三角洲。

◆气候特点

尼罗河全长 6671 千米，流域跨纬度 35°，南北气候差异很大，呈现明显的纬度地带性，同时非地带性因素也在一定程度上影响气候带的分布。尼罗河流域大多地处热带荒漠带，即热带沙漠气候，气候由信风带控制，所以全年高温少雨；很小一部分地处亚热带常绿硬叶林带，即地中海气候，由信风带和西风带交替控制，所以夏季高温少雨，冬季降雨多，气候温和湿润。

◆尼罗河文明

尼罗河文明即古埃及文明，诞生于约公元前 3000 年。尼罗河地理位置特殊，东、西两面都是沙漠，南面是沙漠和大瀑布，北面是没有港湾的海岸。古埃及文明正处于这样一个天然屏障中间，可以在此休养生息，不会遭受外族入侵所带来的恐惧与苦难。

最深的淡水湖

世界第一深淡水湖——贝加尔湖。该湖中部最深处达 1620 米。中国古代称贝加尔湖为“北海”，它位于俄罗斯东西伯利亚高原南部，有“西伯利亚明珠”之称。1996 年，联合国教科文组织将贝加尔湖列入世界自然遗产。

◆成因

2500 万年以前，在中西伯利亚高原南部，一场强烈的地壳断裂活动发生了，直接导致该地形成了一条狭长深陷的谷盆，两侧陡峻的断壁悬崖高达一两千米，世界最深之湖——贝加尔湖，就这样诞生了。

◆气候特征

贝加尔湖周边地区属温带大陆性气候，温差大。

◆生物资源

贝加尔湖水生生物资源丰富，生物区系独特，其中 80%是贝加尔湖的特有种类。据统计，贝加尔湖共有 600 余种植物和 1200 余种水生动物，其中约有四分之三是贝加尔湖地区所特有的。

雷雨最多的地方

世界上雷雨最多的地方——爪哇岛。大气垂直对流的过程中会形成积雨云，随之而来的是电闪雷鸣，暴雨滂沱。这样雷雨多发的地带都处在低纬度区，其中印度尼西亚爪哇岛的雷雨量为世界之最。

◆“雷都”

爪哇岛年平均雷雨日数达 220 天。该岛西部的茂物，年雷雨日数更多，几乎一年到头都在打雷下雨。一年 365 天，茂物打雷的日子平均有 322 天之多，不愧有世界“雷都”之名。

◆成因

茂物是印度尼西亚爪哇岛名城，位于赤道附近，地处山间盆地之中。大气的热力对流本已相当旺盛，再加上从爪哇海来到这里的湿热气团迫于地形所阻而急剧上升，极易形成积雨云。

◆物种

受地理位置影响，爪哇岛终年炎热潮湿，加上火山灰周期性地为土壤加肥，爪哇岛的土壤非常肥沃，植被茂密。单是已知的植物就有 5000 多种。岛上动物资源同样丰富，有常见的大型哺乳动物，另外有约 400 种鸟类，100 种蛇类，500 种蝴蝶及其他昆虫。

◆气候特点

爪哇岛南临印度洋，北面爪哇海，为热带雨林气候。沿北部海岸的平原地带温度最高，山区则要凉爽许多。

生物之最

最大的蛙

世界上最大的蛙——非洲巨蛙。有着蛙中“巨无霸”称号的非洲巨蛙成年雄性身长约 30 厘米，展开双腿能达 1 米长，体重可达 3 千克，眼睛直径可达 2.5 厘米。非洲巨蛙的外形和我们常见的青蛙区别不大，只是大了许多。

◆栖息环境

非洲巨蛙生活在潮湿和相对高温的雨林中。它们非常怕热，几乎常年泡在热带雨林的溪流中。水通常是干净的，富含氧气，微酸性，温度在 20℃左右。食物也是影响非洲巨蛙选择栖息地的一大关键因素，雨林中幼虫多的地方常会出现非洲巨蛙的身影。

◆生活习性

非洲巨蛙喜在夜间活动，独自沿着河流寻找食物，以昆虫、甲壳类动物、鱼类、软体动物、小型哺乳动物和两栖动物为食。它们在蝌蚪阶段吃素食，变态发育为蛙后成为食肉动物。非洲巨蛙年轻时基本不会离水，年老后偶尔会上岸晒太阳。非洲巨蛙属于一种独居的水栖蛙，交配期间雄蛙会发出洪亮的叫声吸引雌蛙，事后各自恢复独居生活。

◆现状

现如今的非洲巨蛙面临着灭绝的危机，因为人们有抓捕非洲巨蛙的习惯，一是垂涎非洲巨蛙的肉质鲜美，二是非洲巨蛙的市场交易价格高。许多非洲巨蛙还来不及完成繁殖就惨遭捕捉，以致数量锐减。

最长寿的蝉

世界上最长寿的蝉——十七年蝉。蝉的寿命一般为 3 年~9 年，但有一种蝉，它们在地下生活的时间可达 17 年，人们称它们为“十七年蝉”。

◆蝉不是“聋”的

起初，大家都认为蝉是“聋”的。后来，生物学家经过仔细研究，确定蝉是有听觉器官的。它们对自己同类发出的声音十分敏感，可是对其他的声音，如人的说话声、拍手声，甚至枪声，就可以说是充耳不闻。

◆繁衍

十七年蝉在完成交配后，雌蝉就钻进树的表皮，受精卵通过锯状的产卵器，在树枝的裂缝处排卵。大约过了 3 周 ~ 4 周，雄蝉和雌蝉都会死去，留下的受精卵经过发育孵化成幼虫。这些幼虫本能地从树上落到地上，又钻进地里藏了起来。它们在地下洞穴里要经过 5 个龄期和 5 次蜕壳，其间靠从植物枝根韧皮部吸吮富有营养的液汁来维持生命。

◆数量庞大

十七年蝉这种昆虫最引人注目的是其数量十分庞大——地上常常出现密密麻麻的蝉穴洞，空的蝉壳到处可见，每平方米可藏有大约 37 万只蝉。

最高的陆生动物

长颈鹿是世界上现存最高的陆生动物，属于反刍偶蹄动物，遍体具棕黄色网状斑纹，拉丁文名字的意思是“长着豹纹的骆驼”。长颈鹿刚出生就有1.5米高，成年后可达6米~8米，体重约700千克。在野外，长颈鹿的寿命为27年左右，动物园里的能活过29年。

◆栖息环境

长颈鹿善于交流，没有领地意识，群落结构松散，活动区域在5平方千米~650平方千米范围内。9个亚种的长颈鹿全部栖息于非洲热带、亚热带稀树草原与灌丛，开放的合欢林地，干旱而开阔的稀树草原地带和树木稀少的半沙漠地带。

◆形态特征

长颈鹿无论雌雄，头顶均长有一对底色为浅棕色的小短角，终生都不会脱落。此外，它们的眼睛后面和耳朵后面另有两对角。有的雄性长颈鹿头额的中央还长有一只角。因此，长颈鹿的角为 6 个 ~ 7 个。长颈鹿的眼睛长在头顶上，又大又突出，能够眺望很远的地方。它们最明显的特征是全身毛疏而短，底色浅黄，布满形状大小不同的棕黄色网状斑纹。

◆长颈鹿是“哑”的吗？

长颈鹿不是“哑”的，它们不仅有声带，而且会叫。长颈鹿的声带较为特殊，在它的声带中间有个浅沟，不方便发声；而且，发声时需要靠肺部、胸腔和膈肌的共同帮助。但由于长颈鹿的脖子实在太长，和这些器官之间的距离太远，想要叫起来较为费力气。所以，我们平时很少听到它们叫。

最凶猛的海兽

世界上最凶猛的海兽——虎鲸。它体长可达 9 米多，生有结实而有力的牙齿，性情十分凶猛，是群居性海兽。虎鲸拥有成熟的捕猎技巧和交流方式，常成群结队地展开捕猎，连其他鲸类和大白鲨都是它们的捕猎对象，有“海上霸主”的称号。

◆形态特征

虎鲸，属海豚科，是海豚科中体形最大的一种。成年雄性虎鲸平均长度为 8 米，最大长度接近 10 米，平均体重为 5.5 吨；雌性虎鲸平均长度为 7 米，最大长度约 8.5 米，平均体重为 3.8 吨。虎鲸整体呈纺锤形，体表光滑，皮肤下积蓄有厚实的脂肪，前肢呈鳍状，十分发达，后肢退化消失。

◆栖息环境

虎鲸广泛分布于世界各地的海域，对于水温和水深似乎没有特殊的要求。虎鲸常在温带海域出现，极地也有它们活动的身影；常活动于 20 米～ 60 米水深处，有需要时也可以下潜到 300 米深处捕食。它们的活动方向受到食物因素影响，常栖息于猎物充足的海域。

◆优势

虎鲸的大脑十分发达，惯于群居的它们有着复杂的社会行为，集体捕猎活动中展现出的高技巧证明它们拥有高智商。基于智商和群体上的优势，虎鲸往往会捕猎比自己更大的猎物，甚至攻击性十分强的几种鲨鱼，也被虎鲸列在了“菜单”上。

◆形态特征

褐雨燕的双翅狭长，尾呈叉状，嘴短阔而平扁。幼鸟通体烟褐色，无光泽。成鸟脑袋和上体呈黑褐色，略具光泽；镰刀状双翅初级飞羽外侧和尾表面微具铜绿色光泽；胸、腹和尾下覆羽呈黑褐色；虹膜呈暗褐色，脚呈黑褐色。

◆栖息环境

褐雨燕多栖息于山地和森林，主要栖息地有山林、平原、城镇、海岸等各类环境，生存空间十分广阔。我们既能在高楼林立的城市中见到它们，也能在荒野的岩壁中找到它们。

飞得最快的鸟

世界上飞得最快的鸟——褐雨燕。一般指普通楼燕，为夏候鸟，常在白天成群结队地出现。

◆生活习性

褐雨燕为季节性夏候鸟，于4月～5月迁来，9月～10月开始向热带非洲和印度北部迁徙。褐雨燕并不喜欢烈日高照的中午，喜欢在晨昏和阴雨天出来捕食，以昆虫为主要捕食目标。其振翅频率相对其他鸟类来说较慢，但飞翔速度极快，常边飞边捕食。

眼睛最大的猴

世界上眼睛最大的猴——眼镜猴。它们出现于距今 6000 万年以前，如今分布于印度尼西亚和菲律宾的一些岛上。它们外形娇小，和我们常见的老鼠差不多大。它们长着圆滚滚的小脑袋，圆溜溜的大眼十分惹眼，大耳朵带给了它们灵敏的听觉。

◆名称由来

眼镜猴的体重大部分为 150 克左右，可它的一只眼睛就重达 3 克，比它的头还重！特征突出的大眼，配上眼睛周围的一圈黑斑，像是戴了一副宽边眼镜，“眼镜猴”的名称因此而来。

◆外形特征

眼镜猴是一种体形极小的灵长类动物，身体特征极为突出，前肢短、后肢长、颈短，趾尖有圆形吸盘，可以在许多光滑的物体表面停留。它们的体形很小，身体通常为 9 厘米 ~ 16 厘米长，最大者仅 20 余厘米。它们的眼睛大得离谱，直径达 16 毫米，一眼看去，一双眼睛就占了它半张脸。

◆习性

眼镜猴喜欢独居，成双成对地出现也只限于异性。它们的警惕性很高，周围稍有风吹草动就会调动它们敏感的神经，睡觉都要睁一只眼。和其他灵长目动物一样，眼镜猴荤素不忌，常在夜间出来觅食。尽管它们平日里显得呆头呆脑，但捕食时行动极为迅速。

毒性最强的蜘蛛

世界上最毒的蜘蛛——红斑蛛，属球腹蛛科，也称“黑寡妇蛛”。它们的分布范围很广，在欧洲东南部、中亚、美洲，俄罗斯南部及我国的海南岛、新疆等地都能找到它们。

◆外形特征

红斑蛛雌雄异体，一般是雌性个体的体形大，毒性强于雄性；而且雌雄个体的体色差异较大，十分容易辨认。它们刚毛发达，大多为黑色，腹部有红斑，所以又称红斑毒蜘蛛。

◆生活习性

红斑蛛作为一种毒蜘蛛，过着游猎生活，常穴居在墙洞中、土中、石头下或各种缝隙内。它们四处游荡，捕食小昆虫，在虫体上咬一小洞以吸其体液。它们通常生活在温带或热带地区，常在树上、花草上进行捕猎活动。

◆咬伤症状

红斑蛛咬人的伤口像一个针孔，被咬的人开始很难察觉异常。但是，几个小时后，被咬伤的位置会出现剧烈痛感，而且伤口有变硬迹象，之后受害者的运动神经中枢发生麻痹。其他的被咬伤症状包括发冷、发烧、呕吐、腹部疼痛。轻度中毒者经医治，一两天后可以出院，重度中毒者可能会死亡。

最大的动物

世界上最大的动物——蓝鲸，属须鲸科，是一种生活在海洋中的哺乳动物。蓝鲸的体长可达 33 米，重可达 180 吨，即便是刚出生的蓝鲸也要比成年大象重。

◆形态特征

蓝鲸的身躯整体呈流线型，体表呈淡蓝色或鼠灰色，胸部有白色的斑点，腹部布满褶皱，背部有淡色的细碎斑纹，头相对较小而扁平，两个喷气孔位于头的顶上，吻宽，口大，嘴里没有牙齿，背鳍特别短小。

◆栖息环境

蓝鲸呈世界性分布，出现数量最多的地方是南极，喜欢栖息在温暖海水与冰冷海水的交汇处，主要是水温为 5℃～20℃的水域。水质肥沃的海湾中也常能见到蓝鲸，因为那里的水域中繁殖有大量浮游生物，蓝鲸的主食磷虾会聚集在那。

◆生活习性

蓝鲸的寿命一般在 50 岁以上，最长可超过 100 岁。它们并不成群，大多是孤独的。蓝鲸以磷虾等为食，胃口特别大，一餐要吃 1 吨，每天要吃 4 吨～5 吨食物。它们在潜水之前总是将尾巴露出水面，有时竟高高地跃出水面，然后迅速潜入 30 米～40 米的水中去寻觅食物。

最早的计算器

世界上最早的计算器——算盘。算盘是我国古代劳动人民的伟大发明之一，是一种手动操作辅助计算的工具。在阿拉伯数字出现前，算盘是世界范围内广为使用的计算工具。

◆主要种类

“算盘”一词不单指中国算盘。据现有文献记载，其他国家也有过类似算盘功能的计算工具。古今中外的各式算盘大致可以分为三类：算板类、沙盘类、穿珠算盘类。

◆ 发展

我国最早的算盘并不是现在所使用的算盘，直到唐代，算盘才演变成现在所使用的算盘的模样。明代后期，我国的算盘传入周边国家，为各国人民的学习和生活做出了贡献。

◆ 价值

算盘结构简单，制作容易，价格便宜，珠算口诀记起来十分简单，所以一度推广到我国及周边多国。哪怕在计算机已被普遍使用的今天，古老的算盘也没有被废弃，反而因它的灵便、准确等优点，在许多国家继续使用。在世界范围内，很多人把中国的算盘与中国古代“四大发明”相提并论，可见其历史价值。

最早的电子管

最早的电子管诞生于1904年，由英国物理学家弗莱明发明，它的作用是放大电信号。电子管的发明标志着人类从此步入了电子时代。

◆发明

弗莱明发明的电子管是以爱迪生的白炽电灯为基础发展而来的，但其功能与灯泡并无共同之处。弗莱明用金属筒代替了白炽灯内的金属丝，并把它套在灯丝外面。然后分别将它们接在电源的两极，打开电源，金属筒和灯丝之间就会有电流通过，世界上最早的电子管就此问世。

◆优缺点

优点：电子管的工作频率高，负载能力强，适用于高频大功率领域的工作；电子管不仅在工作频率上要优于晶体管，其线性性能也比晶体管更好。

缺点：电子管的体积大是其一大弊端；此外，结构脆弱、功耗大、发热厉害、电源利用效率低、寿命短也是让人们头疼的问题，而且电子管工作需要高压电源。

◆应用

随着人们步入电子时代，电子管被应用于收音机、扩音机、电视机等电子产品中，但是人们一直苦恼于电子管的弊端。近年来，半导体材料得到高速发展，电子管逐渐被半导体材料制作的集成电路和放大器取代。部分音乐爱好者仍热衷于购买低噪声、稳定系数高的电子管作为音频功率放大器件。

最早的洗衣机

世界上第一台洗衣机诞生于 1858 年，它的发明者是美国人汉密尔顿·史密斯。该洗衣机结构简单，使用起来并不方便，而且损伤衣服，因此并没有得到推广，但它的诞生意味着机器洗衣时代的来临。

◆现代洗衣机结构

现代洗衣机主要由四个部分组成：箱体、洗涤脱水桶、控制系统和传动装置。有的洗衣机根据功能需求不同还附带加热、杀菌等装置。

◆缺点明显

我们常用的水洗洗衣机其实有不少缺点，如果不加处理也可能引发大问题。耗水量大、磨损衣物的问题大家都清楚，但大家更需要小心的是洗衣机长期使用容易滋生细菌、传染疾病；另外，如果在潮湿环境下使用洗衣机，会有触电的风险。

◆注意事项

1. 由于洗衣机在工作过程中转筒会转动，为了避免洗衣机工作时噪声过大，应该将洗衣机放置在平坦踏实的地面上，并与墙壁和其他物品拉开一定距离。

2. 洗涤物应该明确分类，分批洗涤，避免细菌感染、染色等问题。

3. 洗衣前，务必要检查洗涤物中是否夹带杂物，看看衣袋内的物品是否取出。

4. 根据洗涤物的不同材质，洗涤时应区别对待，如毛线等要放在纱袋内洗涤。

最早的电视机

世界上最早的电视机诞生于1925年，由英国发明家贝尔德发明，整体分为机械扫描式电视摄像机和接收机两部分。随着电视机的普及，它成了重要的广播和视频通信工具。

◆主要部件

早期的电视机无论是黑白电视机还是彩色电视机，结构都大致相同，一般由三个部分组成：前面板、中框和后盖。部分电视机的前面板和中框做成一个整体，方便了维修工作。拆开电视机的后盖，我们能看到电视机内部的主要部件：后盖、前面板、中框、显像管、底板等。

◆原理

电视机利用电信号承载音频和图像，将活动影像转化成图片信号进行播放，属于一帧帧进行渐变的图像，主要利用了人眼视觉的残留效应。

◆“电视之父”

1925 年，贝尔德发明了电视机，一年后，他将自己的发明公诸于世，并开办了自己的电视制作公司。起初，他发明的电视机只有黑白两色，并且画面不怎么清晰，但还是在社会上引发了很大的震动。贝尔德为后世电视的发展奠定了基础，被人们称为“电视之父”。

电阻最小的材料

电阻最小的材料——超导体，又称超导材料，指的是在特定条件下电阻为零的导体。

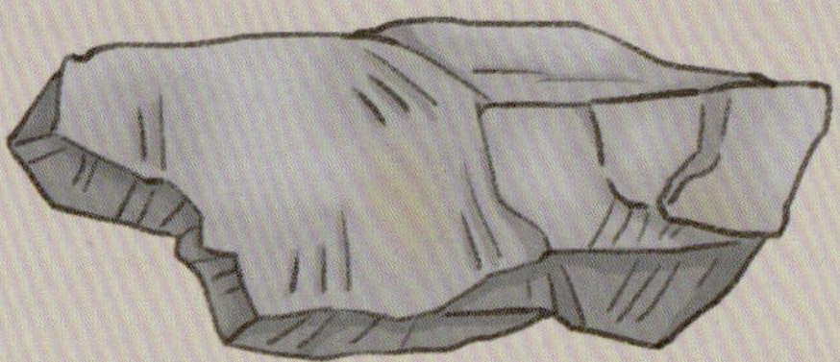

◆超导现象

一般来说，电阻的大小与温度成正比。有了这一理论，人们开始时认为只有温度降到绝对零度，导体的电阻才会为零。后经科学家研究发现，很多材料的电阻在接近绝对零度的某个温度上就会降到零，此时材料就变成了没有电阻的超导体，这就是超导现象。

◆发现

1911年，荷兰物理学家昂内斯在做低温条件下汞的电阻与温度关系的实验中，发现汞在液氦温度(4.2开)下，汞的电阻突然消失。后来他又发现了许多金属和合金都具有与上述汞相类似的低温下失去电阻的特性，昂内斯称之为超导态。

◆应用

超导体的应用可分为三类：强电应用、弱电应用和抗磁性应用。强电应用即大电流应用，包括超导发电、输电和储能；弱电应用即电子学应用，包括超导计算机、超导天线、超导微波器件等；抗磁性应用主要包括磁悬浮列车和热核聚变反应堆等。

最深的地铁站

平壤位于朝鲜半岛西北部，是一座历史悠久的城市，也是朝鲜的首都。平壤地铁是服务于首都平壤的城市轨道交通系统，平均埋深达 100 米，最深处达地下 200 米，是世界上最深的地铁系统。

◆修建目的

平壤地铁的修建是出于战备防空的考量，仿照莫斯科地铁修建而成，在深度上要超出莫斯科地铁许多，从地面乘电动扶梯到站台需 3 分钟。

◆站台风格

平壤地铁由中国援建，其中的装修是由朝鲜方面安排的。平壤地铁站台以豪华的装饰和壮观的规模闻名，站台上的吊灯十分华丽，两边长达 80 米的壁画由彩色马赛克拼接而成。拱厅全部以大理石立柱支撑，站台整体仿佛一座巨大的地下宫殿。

◆价值意义

平壤地铁设置得很人性化，是中朝友谊的一大见证，它的建成对缺少能源的朝鲜的城市交通而言是十分有益的。平壤地铁是平壤市民重要的交通工具，也是朝鲜对外公开宣传的一大亮点。

最早的地铁

世界上第一条地铁诞生于 1863 年的英国伦敦。这条地铁全长约 6 千米，初始运用机车为蒸汽机车。

◆发明

世界上第一条地铁由英国律师皮尔逊在 1843 年完成设计，从提出建造方案到通过政府的审核，再到修建成功，一共用了 20 年的时间。尽管这段路程只有几千米，但客流量巨大，开通第一年就运载乘客达 950 万人次。皮尔逊因此被誉为“地铁之父”。

◆建造背景

19 世纪中叶，伦敦进入了快速发展期，各种商业建筑拔地而起，劳动大军争相涌入伦敦，交通问题日渐突显出来。为了应对这一问题，人们需要找到一种更好的运输工具，但伦敦当时的街道并不算宽广，扩展街道又会造成较大的损失，于是地铁应运而生。

◆建造方式

修建地铁的第一步就是开辟地下通道，但当时还没有现代的隧道开掘技术。伦敦地铁采用的是先挖后盖的建造方式，就是先清空路线上的地表建筑，向下挖掘出一条深沟，用黄砖加固沟壁，再搭成拱形的砖顶，然后将土回填，在地面上重建道路和房屋，耗资巨大。

◆ 组件

世界上第一辆汽车采用两冲程单缸汽车发动机，时速为 16 千米。该车后轮驱动、前轮转向，有钢板弹簧悬挂、钢管车架、水冷循环、点火器、手把等。该车前轮小，后轮大，通过齿轮和链条驱动后轮前进。

最早的汽车

世界上第一辆汽车由德国人卡尔·本茨发明，以汽油作为驱动能源。1886 年 1 月 29 日，本茨为自己的发明申请了专利，这一天被认为是现代汽车诞生日。

◆社会背景

在那个马车盛行的年代，第一辆汽车在诞生之初并不被人们看好，反而受到了许多嘲笑，被斥为“无用的怪物”。其原因在于，该车噪声大，故障频繁，如链条断裂，经常出现人推着汽车走的情况。后来，随着汽车性能逐步完善，人们才真正认可这一发明。

◆公司简介

卡尔·本茨是世界上第一辆汽车的发明者，也是世界上第一家汽车制造公司——奔驰汽车公司的创办者，他将自己毕生的精力都献给了汽车事业。奔驰汽车公司是世界十大汽车公司之一，以生产高质量、高性能豪华汽车闻名，同时也是世界上最著名的大客车和重型载重汽车的生产厂家。

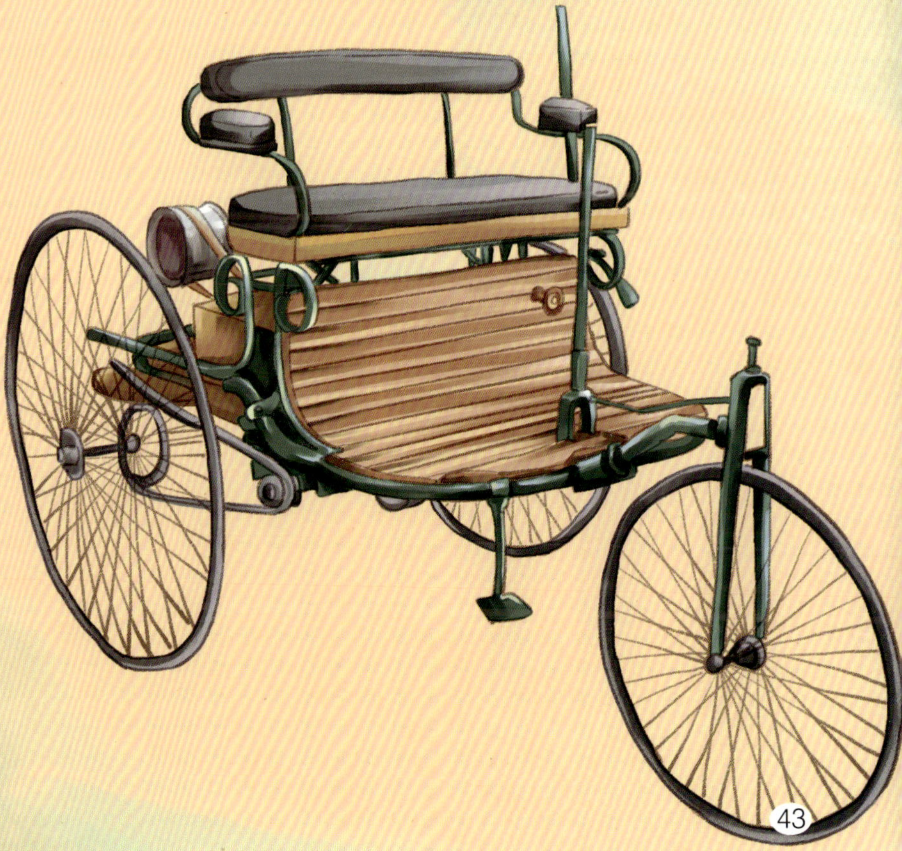

海拔最高的铁路

世界上海拔最高的铁路——青藏铁路，位于我国青藏高原，东起青海省省会西宁市，西至西藏自治区首府拉萨市。青藏铁路分两期建成，第一期工程于 1984 年 5 月完成，第二期工程于 2006 年 7 月完成。青藏铁路最高点唐古拉山口，海拔 5072 米。

◆概况

青藏铁路全长 1956 千米，由西宁站发车通往拉萨站，共设 85 个车站。西宁至格尔木段的列车运营速度为 140 千米/小时，格尔木至拉萨段的列车运营速度为 100 千米/小时。

◆线路走向

青藏铁路起于青海省西宁市，途经格尔木市、昆仑山口、沱沱河沿，翻越唐古拉山口，进入西藏自治区安多、那曲、当雄、羊八井，到达西藏自治区拉萨市，全长 1956 千米。路途上有青海湖、昆仑山、可可西里、三江源、藏北草原、布达拉宫等景区。

◆意义

青藏铁路的出现加强了国内其他广大地区与西藏的往来，促进了我国各民族之间的文化交流，加强了民族团结，增进了民族感情。青藏铁路还促进了青藏地区的经济发展和当地矿产资源的开发。

最长的海底隧道

世界上最长的海底隧道——青函隧道。因连接日本本州青森地区和北海道函馆地区而得名。该隧道全长 53.85 千米，深达 240 米，位于日本本州青森地区和北海道函馆地区之间的津轻海峡，于 1988 年 3 月 13 日正式通车。

◆结构

青函隧道由三段组成，全长 53.85 千米，其中海底段长 23.3 千米，陆上部分本州一段长 13.55 千米，北海道一段长 17 千米，最小曲线半径为 6.5 千米。

青函隧道除主隧道外，还有两条辅助坑道：一是调查海底地质用的先导坑道，二是搬运器材和运出砂石的作业坑道。这两条坑道高 4 米、宽 5 米，均处在海底。

◆施工特点

海底隧道的开凿主要依靠巨型掘岩钻机推进，两端同时展开作业，钻孔直径和设计的隧道直径须吻合。巨型掘岩钻机每推进数十厘米，立即进行隧道内壁加固处理。在判断推进走向上，主要依靠激光导向。部分海底地质复杂，无法进行掘进，则采用预制隧道沉埋固定在海底的方法。

◆意义

海底隧道不占地，不妨碍航行，不影响生态环境，是一种非常安全的全天候的海峡通道。青函隧道的诞生结束了日本本州与北海道之间只靠海上运输的历史。

最早的导弹

在第二次世界大战末期——1944 年 6 月，伦敦突然遭受一种不知名的炮弹的袭击，在阵阵撕心裂肺的可怕啸声之后，发生连续爆炸。这是德国的秘密武器——“V－1”导弹。

◆研制背景

1942 年 6 月，英国皇家空军开始大规模轰炸德国本土，德国在损失大量飞机和飞行员后，不得不暂时搁置正在研发的一种远程导弹，迅速将小型又相对廉价的“V－1”导弹的研制提上了日程。

相关数据

“V－1”导弹的外形像无人驾驶飞机，由弹内磁性罗盘和一种特制的机械装置操纵。弹长约 8 米，翼展约 5.5 米，重约 6 吨，以冲压式喷气发动机为动力，用发射架发射，射程 370 千米，航速每小时达 550 千米~600 千米。

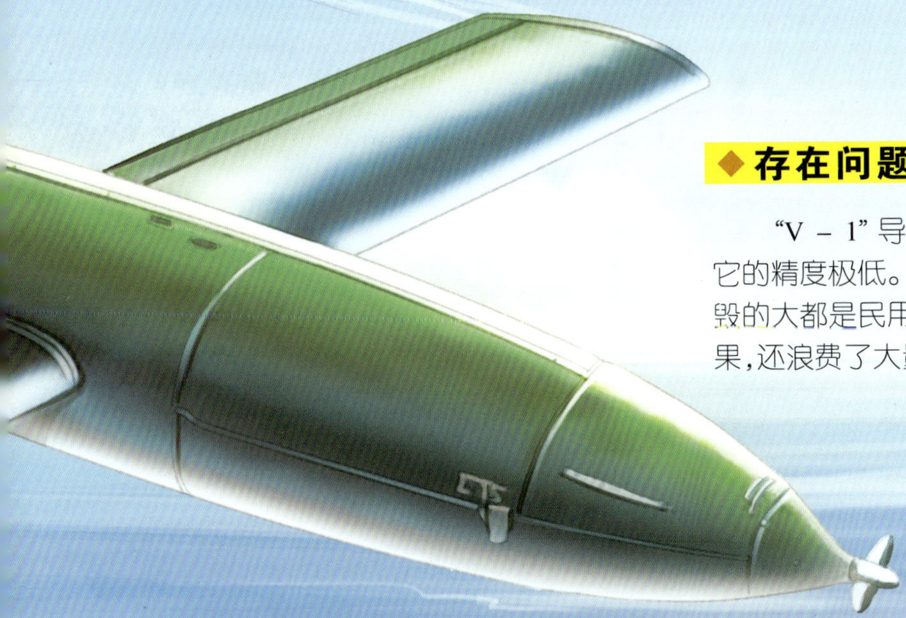

存在问题

“V－1”导弹的破坏性很强，但受限于当时的技术，它的精度极低。它对英国的攻击几乎是毫无目标的，摧毁的大都是民用目标，并没有达到任何军事意义上的效果，还浪费了大量的资源。

最早的手枪

世界上最早出现的手枪——“希奥皮”手枪。“希奥皮”一词来源于拉丁文词语“scloppi”，意思是手枪。这种手枪的基本原理和现代手枪类似，因此人们认为“希奥皮”手枪是世界上第一支手枪。

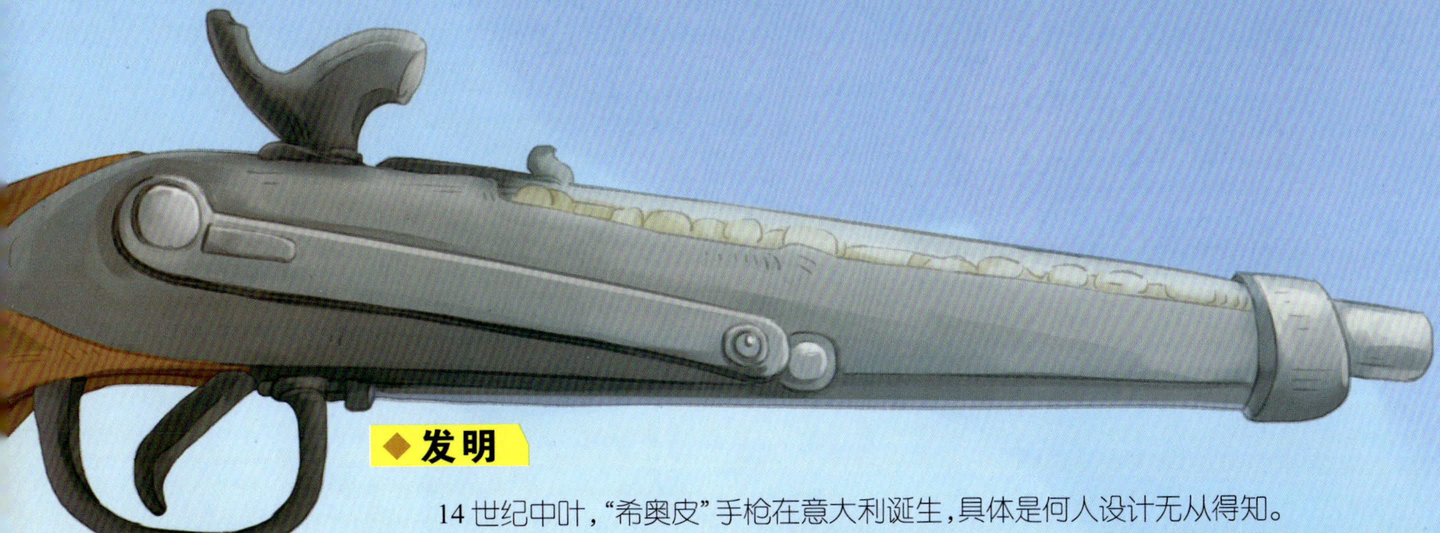

◆发明

14 世纪中叶，“希奥皮”手枪在意大利诞生，具体是何人设计无从得知。该枪长约 30 厘米，口径大约为 25 毫米。当时的“希奥皮”手枪射程短、工艺粗糙，结构简单，但这些缺陷都是相较于现代手枪而言的，“希奥皮”手枪放在当时可谓是短小精悍之作，命中率非常高。

◆使用方法

“希奥皮”手枪的使用方法与现代手枪区别很大。在用“希奥皮”手枪进行射击之前，使用者需要先把火药和引线填入枪口。进行射击时，使用者需要一手拿枪，另一只手点燃引线，然后才能射击。

◆实际效用

“希奥皮”手枪命中率高，但杀伤力非常低。在实战当中，与其说是士兵在用枪击伤敌人，不如说是用枪在吓唬敌人。手枪射击后的爆炸声能够起到恐吓敌人或敌方马匹的作用。

最早的军用雷达

世界上最早的军用雷达诞生于1919年，由英国科学家沃森·瓦特发明。这种军用雷达能够发射电磁波，并能接收反射波，从而探测远距离目标。第一次世界大战中的军用飞机几乎都配备了该装置，使得空中力量的威胁大大提升。为了防止空袭，各国不得不加大对军用雷达的研究力度。

◆组成

雷达的基本结构大都相同，主要由电源、发射机、接收机、天线、收发转换开关、定时器、显示器等部分组成。

◆原理

雷达在探测目标时，发射机可产生强功率高频震荡脉冲，这种高频脉冲会通过天线转变成波束，朝着指定方向传播。电磁波在传播过程中遭遇目标，经目标产生二次辐射，其中小部分电磁波往回传播，被雷达的天线捕捉，这种电磁波被称为回波信号。接收机将回波信号进行放大和变换，再传到显示器上。

◆主要功能

1. 目标检测，即用雷达探测空域内是否存在感兴趣的目标。

2. 目标参数测量，亦称目标参数估计，用于判断目标位置、运动参数和提取其他目标特征参数。

3. 目标分类、识别，即用于确定目标类型，分辨真假目标等。

射速最快的机枪

机枪是一种很重要的军用枪械，它能够连续发射子弹，威力巨大。世界上射速最快的机枪是美国的M134机枪，其射速最高可达每分钟6000发子弹，是普通机枪的10倍。

◆结构

美国M134机枪采用回转联动装置，由1台驱动电机、6个枪机部件和6个可移动的枪机轨道、枪管套管部件、支架、快速释放销等组成。

◆运转原理

美国 M134 机枪采用加特林机枪的原理，通过电动机使得 6 根枪管持续旋转，在每根枪管回转一圈的过程中，它所对应的枪机则在和枪管一起旋转的旋转体上的导槽内作往复直线运动，依次进行输弹入膛、闭锁、击发、退壳、抛壳等一系列动作，所以射速极高。

◆存在问题

美国 M134 机枪存在的问题主要有三点：一是高射速带来的高耗弹量；二是枪管升温问题明显，易出现枪管破损的情况；三是由于结构复杂，分解结合十分困难，一旦出现故障，难以及时修理。

最早的原子弹

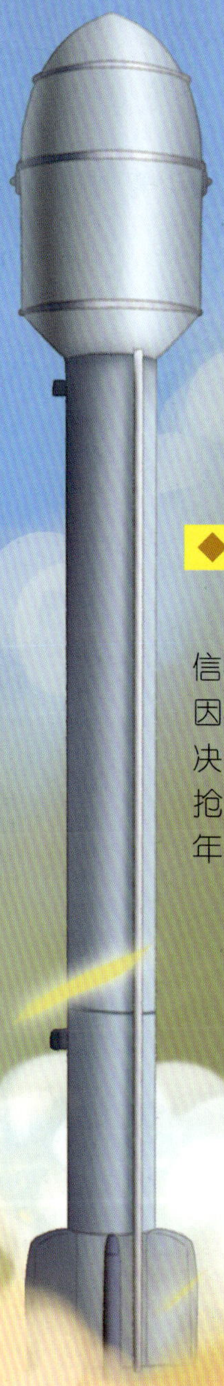

原子弹亦称“裂变武器”，是利用铀或者钚等易裂变重原子核链式裂变反应，瞬间释放出巨大能量并产生爆炸，具有大规模杀伤破坏作用的核武器。1945 年 7 月 16 日，世界上第一枚原子弹在新墨西哥州试爆成功。由于这枚原子弹整体比较瘦长，所以美国人为它取名为“瘦子”。

◆研制起因

1939 年 8 月的一天，由爱因斯坦发出的一封信被送到了时任美国总统罗斯福的手上。面对爱因斯坦“制造原子弹”的提议，罗斯福有些犹豫不决，他的科学顾问萨克斯便指出德国法西斯可能抢先研制出原子弹，那样对战局大为不利。1939 年 10 月 19 日，罗斯福正式下令研制原子弹。

◆爆炸原理

原子弹有着非常恐怖的破坏力，其威力通常为几百至几万吨级TNT当量。“瘦子”原子弹中的一部分铀参与了核裂变，真正转化成能量的其实只是少部分的铀，然而其爆发出的能量也相当大。

◆辐射防护

早期核辐射作用时间可持续几秒至十几秒，因此发现原子弹爆炸发出的闪光后，应迅速进入掩体或工事，以减少核辐射的照射剂量。光辐射作用时间很短，其热能只能被物体表面吸收，对地下工事不产生破坏作用。

最大的宫殿群

世界上最大的宫殿群——北京故宫。北京故宫旧称紫禁城，是世界上现存规模最大、保存最为完整的木质结构的古建筑群。

◆建造背景

永乐元年(1403)，明成祖朱棣效仿太祖皇帝，大力提升其曾经的封地燕京北平的地位，称之为“龙兴之地”，改北平为北京，改北平府为顺天府。北京故宫始建于明永乐四年至十八年(1406—1420)。

◆建筑规模

北京故宫整体呈长方形，占地面积约 72 万平方米，建筑面积约 15 万平方米，城墙高 10 多米，城墙外的护城河宽 50 多米。北京故宫建筑由数十个院落组成，包括 9000 多间房屋。

◆主要建筑

北京故宫的主要建筑分外朝和内廷两大部分。外朝以太和殿、中和殿、保和殿三大殿为中心；三大殿之后为内廷，有乾清宫、交泰殿、坤宁宫，以及东西六宫。乾清宫是皇帝的寝宫，其后的坤宁宫是皇后寝宫，两宫之间的小方殿名交泰殿，这三殿总称"后三宫"。故宫后面是御花园。

最长的跨海大桥

港珠澳大桥是世界上最长的跨海大桥，位于中国广东省珠江口伶仃洋海域内，为珠江三角洲地区环线高速公路南环段，连接香港、珠海和澳门。该大桥于 2009 年 12 月 15 日动工建设，于 2018 年 10 月 24 日上午 9 时开通运营。

◆ 整体组成

港珠澳大桥全长 55 千米，主体工程由 6.7 千米的海底沉管隧道和长达 22.9 千米的桥梁组成。

◆设计特点

港珠澳大桥采用了“桥、岛、隧三位一体”的建筑形式；S形曲线大桥，桥墩的轴线方向和水流的流向大致取平，可有效减少桥墩阻水率，同时能起到缓解司机驾驶疲劳，以及提升建筑美观度的作用。

◆建造意义

港珠澳大桥的建成极大地缩短了香港、珠海和澳门三地间往来的时间，被视为粤港澳大湾区互联互通的“脊梁”，展现了我国先进的桥梁建造水平和自主创新能力，更是我国综合国力的体现。

最大的金字塔

世界上最大的金字塔——胡夫金字塔。这座金字塔高约 146.5 米，由 230 万块石灰岩建造而成。因常年受到风化影响，胡夫金字塔的顶端被剥落了 10 米，目前的高度约为 136.5 米。

◆建造方法

人们看到金字塔的时候常会被其规模震撼，难以想象在条件落后的古代如何建起这种规模的建筑。经过考古学家的研究和探讨，认为金字塔建造的关键在于“水运法”，就是以水为润滑剂。搬运巨大石块的路途上铺设了一种埃及特有的红土，洒上水后，石头就可在地面上滑动，这样运石可以省去许多工夫。

◆建造原因

古代人是十分迷信的，古埃及人同样迷信，他们坚信死亡不是结束，灵魂是不灭的。只要能设法保护好尸身，灵魂就能在300年后重新苏醒，并得到永生，因此历代法老都很重视建造金字塔。法老胡夫当然也希望自己死后能在极乐世界永生，于是胡夫金字塔的建造便开始了。

◆排列原因

由胡夫金字塔、哈夫拉金字塔和孟卡拉金字塔组成的吉萨金字塔群的排列正好与猎户座的腰带相对应。不仅如此，这三座金字塔的大小也和腰带上的三颗星的亮度一一对应。古埃及法老为什么要这样做呢？因为他们认为“神”来自猎户座，那里是极乐世界所在。不仅古埃及文明如此，世界历史上多个曾经辉煌过的古老文明都将“神”与猎户座联系在一起。现在许多欧洲人甚至认为猎户座存在外星文明，是他们在遥远的古代来到地球创造了人类。

最高的建筑

迪拜塔，又称“哈利法塔”，塔高828米，楼层总数162层。该塔始建于2004年，当地时间2010年1月4日晚，迪拜酋长正式宣告这座建筑竣工。

◆建造成本

迪拜塔的造价为15亿美元，整个工程从开始到结束共使用了33万立方米混凝土、6.2万吨强化钢筋、14.2万平方米玻璃。为了建造迪拜塔，共调用了大约100台起重机。

◆建筑安全

迪拜塔的设计者是美国建筑师史密斯，由中国、韩国、美国、比利时和阿联酋五国建筑企业联合建造。它的使用寿命为 300 年，抗震级别为 6 级，抗风级别为 12 级。

◆建造目的

迪拜是阿联酋的一个城市，也是阿联酋人口最多的城市。当地政府为了迪拜的贸易经济和旅游业，决定打造世界第一高建筑来提升迪拜在国际上的知名度。

最古老的学位颁授大学

世界上最古老的学位颁授大学——卡拉维因大学。这所大学位于摩洛哥非斯城，创办于公元 859 年，是一所伊斯兰学校，由一位叫法蒂玛·菲赫里·凯鲁阿尼的妇女创立。卡拉维因大学被“吉尼斯世界纪录”认可为最古老的学位颁授大学。

◆文化背景

卡拉维因大学最初是一所清真寺，它属于宗教类大学，创建之初向学生传授《古兰经》，后来教授的科目逐渐增多。到 11 世纪时，卡拉维因大学成了伊斯兰的宗教和科学中心。许多学者群聚于卡拉维因大学，在这里研究宗教、天文、数学、人文科学和医学。

◆生源

卡拉维因大学现在有四个系：阿拉伯语文系、伊斯兰神学系、法学系、教育系。卡拉维因大学自 1957 年开始接纳女学生，目前有数千名学生在这里学习。来到这所大学学习的不仅有摩洛哥的本地人，还有来自利比亚、埃及、塞内加尔、加纳、索马里、阿尔及利亚、突尼斯等国家的年轻人。

◆师资规模

卡拉维因大学是一所宗教色彩浓厚的大学，这里的老师薪资待遇优厚，有的毕业于本国著名大学，有的来自伊斯兰国家的各大学府，还有的是著名的伊斯兰学者。该校实行奖学金制，校内各种现代化设备完善，是著名的伊斯兰学术研究机构。

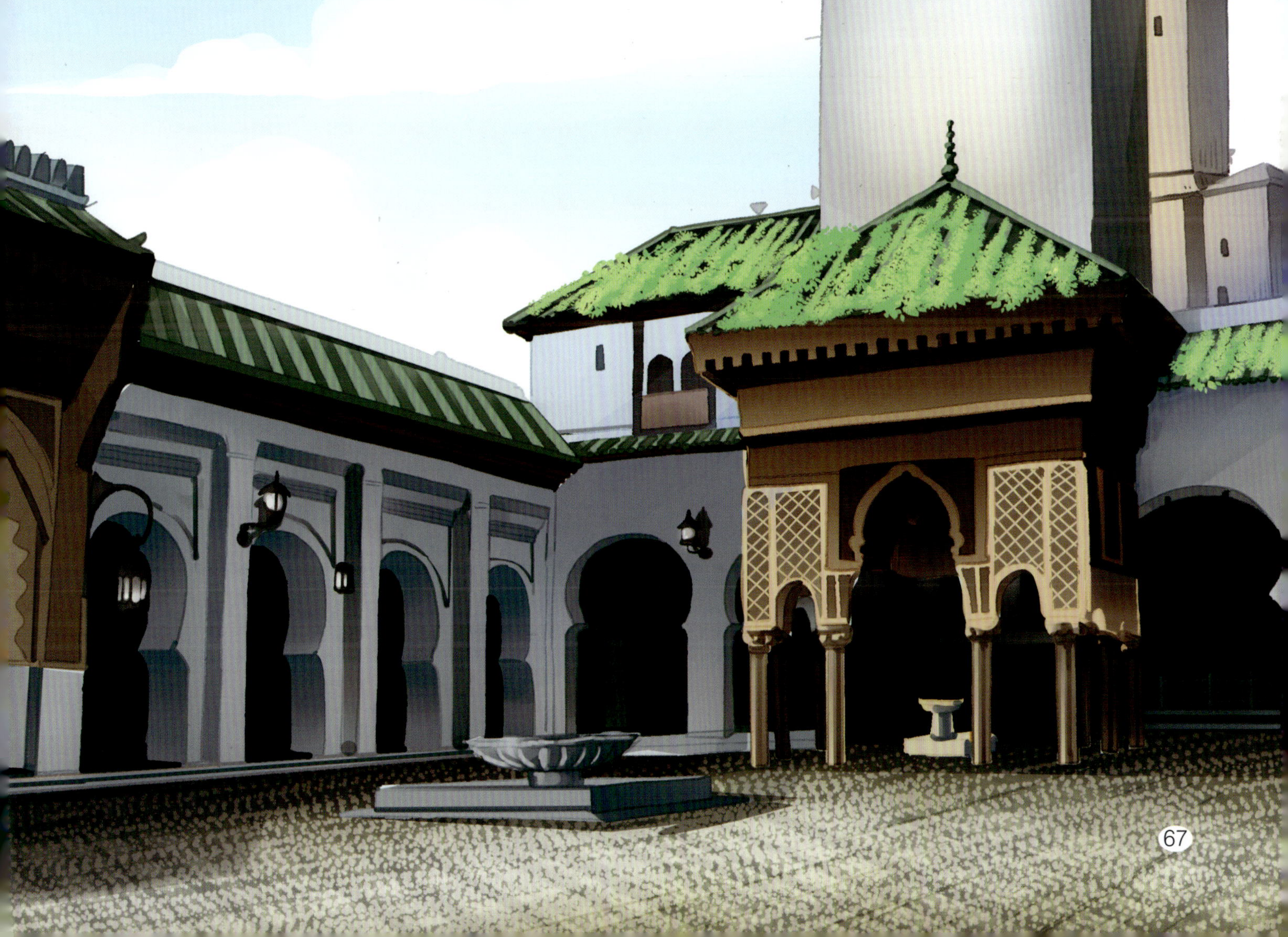

艺术之最

最大的油画

世界上最大的油画——《天堂》。该画出自画家丁托列托之手，于1509年问世，高10米，宽25米。这幅油画当中总共有700多个人物，是画面人物最多的一幅油画。画中人物排列密集，但井然有序，是画家丁托列托的巅峰之作。

◆作者简介

丁托列托生活于意大利文艺复兴时期，属于威尼斯派画家。他在威尼斯的一个染工家庭中出生，曾经和著名的画家提香一起学画。其作品色彩绚丽、构图宏大，善用豪放的手法，多取材于宗教历史，意在宣传对宗教的信仰，想象力十足。

◆主要内容

该作品充满想象力，将对天堂的想象和构思具体化，画作中的 700 多个人物呈环状一层层排列，最上端是十二信徒像，中央是基督正在给升天的玛利亚授冠；中段是预言者、教父、书记们的像，还有奏乐者；下段是天国里的人群像，人物千姿百态，给观众巨大的震撼。

◆作品特色

《天堂》取材于宗教文化，画中出现了 700 多个人物，全采用远近法进行缩小，构思精妙。

在光线和色彩的运用中，丁托列托将这一技巧发挥到了极致，展现了一幅生动的天国景象。画作当中的每一个人物都刻画了细节，让每个人物都显得十分生动，透视的方位表现手法，更让整幅画作达到了多而不混杂的境界，排列密集但井然有序。

最古老的大型雕像

世界上最古老的大型雕像——斯芬克司狮身人面像。该雕像距离胡夫金字塔约 350 米，在哈夫拉金字塔的南向。据说这尊斯芬克司狮身人面像的头像是按照法老哈夫拉的样子雕的，作为看护他的永恒住地——哈夫拉金字塔的守护神。经过多年的风化，狮身人面像倒在了黄土之中。现在的斯芬克司狮身人面像是后人从沙土中再次挖掘出来的。

◆雕像数据

狮身人面像的外形是一个狮子的身躯和人的头，长约 57 米，高约 20 米。该像脸长约 5 米，宽 4.7 米，鼻子长 1.71 米，嘴长 2.3 米。

◆建造之谜

关于狮身人面像的建造有两种说法：一种说法认为它是古埃及人建造来镇守法老墓地的，象征着智慧和力量，这种说法为大众所接受；另一种说法出自美国的大预言家埃德加·凯西，他认为狮身人面像不是古埃及人所建，而是由一万多年前的亚特兰蒂斯人来古埃及建造的，支持这一说法的人并不多。

◆传说故事

在古埃及的神话传说中，狮身人面兽是蛇妖和巨人结合产下的怪物，它长着狮子的身躯、人的头，背负双翅。狮身人面兽生来就狡诈、残忍，他曾跟随智慧女神学习，懂得了许多谜语。狮身人面兽常常守在路口拦住行人去路，要求行人猜谜，猜正确才能通过，否则就一口吃掉对方，传说死在狮身人面兽口中的人不计其数。

最早的动画片连续剧

世界上最早的动画片连续剧——《铁臂阿童木》。该剧是一部科幻漫画作品，主要讲述了正义的小机器人阿童木与邪恶势力作战的故事。该作被多次改编为动画，改变了人们对连环画的固有印象。第一版于 1963 年在日本上映，是我国引进的第一部国外动画。

◆作者介绍

手冢治虫原名手冢治，生于 1928 年 11 月 3 日，祖籍日本大阪府丰中市，在兵库县宝冢市成长成人。1945 年，他就读于大阪大学附属医学专门部，翌年开启了漫画生涯。由于他自幼喜爱昆虫，便以“手冢治虫”作为笔名，最终成了有名的漫画家、动画制作人。

◆影响

《铁臂阿童木》这部动画片诞生之前，人们并不看好动画，认为动画片会影响孩子的学习，甚至还可能让孩子产生一些脱离实际的不好想法。《铁臂阿童木》播出后，轰动了日本，阿童木正义、勇敢、机智的形象受到了一致好评。

◆“漫画之神”

直至手冢治虫去世之前，他都在强调要尊重生命，要注重心灵，认为盲目发展科技只会带来灭亡。他将自己的理念融入漫画作品当中，对二战过后的日本少年群体产生了积极影响。手冢治虫去世后，他的漫画仍受到欢迎，曾被多次改编。人们尊称手冢治虫为“漫画之神”。

最大的词典

世界上最大的词典——《牛津英语词典》。这部词典由牛津大学出版社负责出版。第一版从编纂到出版，耗时近70年。1989年，该词典第二版发行，收词50余万条，引例250万条。1993年至1997年陆续出版3卷。

◆起源

19世纪50年代，英国语文协会的会员认为英文词典中的不足之处有很多，有必要重新整编出一部更完整的英语词典，可是当时无人愿意承担这一苦差事。直至1858年，英国语文协会同意编写新的英语词典。两年后，这一工作才正式展开。

主要内容

《牛津英语词典》收录了已知的所有英文词汇，并说明该词汇的来源和流变，对每一个词汇进行注音。由于第一版《牛津英语词典》出版时英语国际音标还不够成熟，因此第一版《牛津英语词典》中OED使用了其独有的注音方式。词典中对词汇的释义十分详细，每个词汇都列举了许多古今用例。

现状

随着网络的普及，网络版词典开始盛行，人们需要查询英文词汇时在网上便能轻松解决，纸质词典不再是必需品，其市场正在飞快缩水。据牛津大学出版社的管理人员说，《牛津英语词典》第三版将来可能不再印刷，转而以电子版的方式面向大众。

最早的长篇小说

世界上最早的长篇小说——《源氏物语》。该作品的作者是日本女作家紫式部。“物语”是日本的文学体裁，是故事或杂谈的意思。作者生于日本平安时代，她的这部作品明显受到了我国六朝、隋唐时期传奇文学的影响，反映了平安时代的文化生活和社会背景。

◆作品特色

日本平安时代，其文学作品中表现的民族特性已开始转向阴柔美。对比欧美文学，日本平安时代的文学显得更加平淡，没有夸张事件或尖锐的人物矛盾，整体呈现出柔美之感，注重表现微观的物象、抒发细腻的情感、表达对物象的感悟。

◆后世影响

《源氏物语》开启了日本文学的“物哀”时代，并影响了包括川端康成、夏目漱石、宫崎骏在内的大批日本作家和各个领域的艺术家。其以“真实”为基础的“物哀”精神更是得到一代又一代人的继承和发扬，并对日本文化造成了深厚的影响。

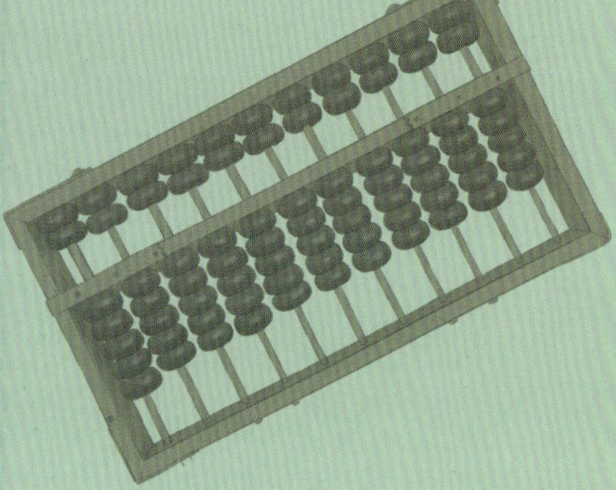
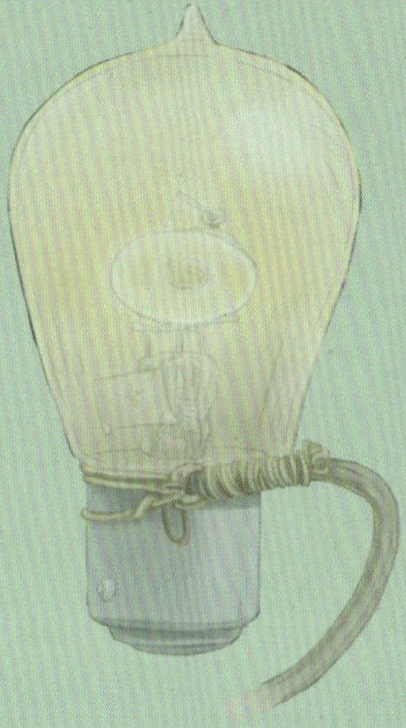

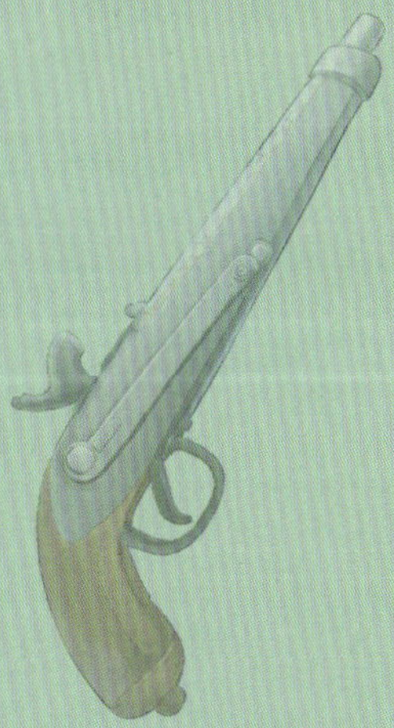
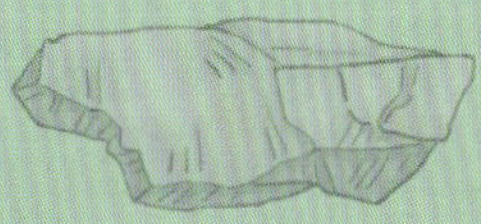